Una ventana a la innovación

Jose Gregorio Silva

¡Bienvenidos al mundo de la innovación!

Al iniciar nuestros talleres presenciales sobre innovación siempre indagamos entre los participantes presentes:

"Hoy día la palabra se oye por doquier y si Uds. están aquí es porque no sólo la han oído, sino que se han interesado en ella y seguramente usado múltiples veces. En ese contexto: ¿Con qué asocian la palabra innovación?"

Las respuestas son siempre interesantes: "Lo nuevo", "Lo novedoso", "Mejoras en un producto", "Inventos", "Creatividad", 'Ingenio", "Lo último en tecnología", "Tecnología de punta".

Nos parece interesante hacer la misma pregunta a nuestros participantes de este taller editado en forma impresa:

Aquí y ahora, *¿Con qué asocias la palabra innovación?*

"Lo nuevo",

"Lo novedoso",

"Mejoras en un producto",

"Inventos",

"Creatividad",

"Ingenio",

"Lo último en tecnología",

"Tecnología de punta",

Otra cosa. ¿Cuál?

Las respuestas más comunes, mencionadas arriba, llaman la atención porque reflejan que la mayoría de las veces que se usa el término innovación en la calle, se hace en forma errónea. Podría sorprender a muchos, pero, en términos prácticos, podemos decir que todas las connotaciones anteriores, aunque son las más frecuentes, están en general equivocadas. En efecto, confunden en lugar de aclarar lo que es innovación.

Por eso este taller tiene mucho sentido. Nos proponemos introducir y motivar el aprendizaje de lo que es la innovación, llegando a conversar sobre aspectos que no son triviales, y para ello, lo mejor es, cuanto antes, aclarar lo que es y lo que no es innovación…

Pero comencemos por el final: con lo que no es, para luego entender mejor lo que sí es innovación…

UNA VENTANA A LA INNOVACIÓN

NO ES EXACTAMENTE INNOVACIÓN

NO ES EXACTAMENTE INNOVACIÓN

1 Lo que no es innovación

Bien, tratemos de aclarar lo que no es innovación. Con toda seguridad este conocimiento nos permitirá entender, más adelante, lo que sí es y, a partir de allí, podemos agudizar la mirada, entender los distintos tipos de innovación, cómo se logra, las dificultades típicas del camino y muchas otras cosas más, interesantes todas.

Muchas veces se cree que la innovación tiene que ver con lo nuevo, con la creatividad, con la inventiva, con la tecnología sofisticada. En no pocas ocasiones vemos que la innovación se confunde con la pretensión de lograrla. Hemos visto hasta premios a la innovación que no premian innovación sino a esta pretensión de innovación o, mas atrás aún, a la inventiva.

En realidad, estas confusiones tiene orígenes varios, pero las aclararemos aprendiendo a mirar, cada vez más detalles, por nuestra ventana.

Empecemos por aclarar en la próxima sección una de las que muchas veces sorprende, la relación entre la innovación y lo nuevo.

NO ES EXACTAMENTE LO NUEVO O NOVEDOSO

1.1 No es exactamente lo nuevo o lo novedoso

Ciertamente, haciendo más de lo mismo no se produce la innovación. Quizá por eso muchas veces se cree que para innovar hay que crear cosas nuevas, ya que, de hecho, la innovación es, precisamente, "el arte de crear cosas nuevas". La realidad de la innovación es, sin embargo, otra. Sin descartar que, por excepción, pueda haber innovación sobre algo realmente nuevo, la mayoría de las innovaciones que se producen no tienen que ver con ideas completamente nuevas. Se trabaja típicamente con propuestas, diseños, ideas, conceptos y servicios que ya habían sido inventados. Es decir, en un sentido estricto, se trabaja con lo que no es nuevo.

En muchos sentidos, es más probable producir innovación trabajando con lo que no es nuevo que con lo que nunca antes había sido esbozado. Lo que ocurre es que en el desarrollo de la innovación interesa más la percepción que la comprobación. Si la gente, a la que destinamos un producto lo percibe como nuevo, interesante y definitivamente tentador, ese producto está más próximo a convertirse en una innovación que si el producto es definitivamente nuevo pero al público pretendido no le atrae por la razón que fuere.

Muchas innovaciones, los celulares, los reproductores de video, los hornos de microondas, las comidas rápidas, las consolas de juegos electrónicos, las computadores personales, no se produjeron trabajando con lo estrictamente nuevo, sino con giros que hacían a las ideas previas ser más fácilmente aceptadas por los pretendidos usuarios.

Los científicos, en sus laboratorios y universidades, están obligados a desarrollar nuevos conocimientos, a crear nuevos modelos y a sustentar que, efectivamente, lo que hacen es nuevo. Pero contrariamente a lo que muchas veces se cree, estos científicos no están haciendo innovaciones, están creando conceptos, ideas y teorías nuevas, pero eso, por si solo, no es innovación.

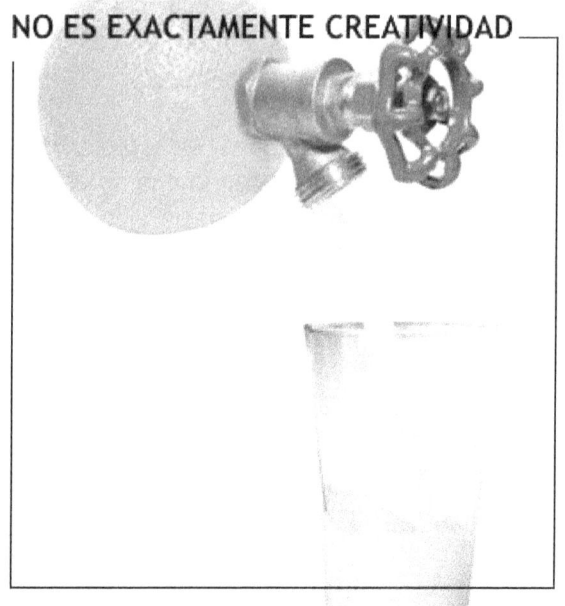

NO ES EXACTAMENTE CREATIVIDAD

1.2 No es exactamente creatividad

La creatividad es quizá una de las palabras más asociadas a la innovación. De hecho, continuamente vemos ofertas de talleres de "Innovación y Creatividad" y nosotros mismos recibimos solicitudes de que dictemos talleres de "Innovación y Creatividad". ¿Por qué ello? Porque en la percepción común la cualidad más necesitada para producir innovaciones es la creatividad. En realidad se trata de otra gran confusión generalizada sobre lo que es la innovación y sobre cómo se produce.

La innovación no es, esencialmente, producto de actos creativos. Los individuos creativos no son necesariamente innovadores. Por excepción pueden serlo. La innovación no se produce en instantes de tiempo creativos, sino en procesos sistemáticos de organizaciones. El teléfono celular que cargamos encima, el computador que está en nuestra casa o en nuestra oficina o cualquiera de las innovaciones que tenemos en nuestra cocina no salieron de actos creativos, o en momentos de lucidez de mentes brillantes, sino de un arduo trabajo de desarrollo de ciertas organizaciones. Sobre el tema volveremos, pero por ahora es suficiente saber que, contrariamente a la creencia común, la creatividad no es una autopista que conduce a la innovación.

La distinción es importante porque si la innovación es esencialmente creatividad, la manera de desarrollar innovación es promoviendo la creatividad de los individuos, mientras que si la innovación es un problema de equipos que desarrollan procesos sistemáticos, el trabajo de gestionar la innovación es de una naturaleza totalmente diferente.

Cuando enseñamos a un grupo de jóvenes a ser creativos, les enseñamos a usar su imaginación y a producir ideas interesantes, novedosas y atractivas. Pero eso no significa que les estamos enseñando a innovar y cuando se presenta a la creatividad como el camino que conduce a la innovación se confunde, porque gestionar la innovación es muchísimo más y mucho más complejo que despertar la capacidad creativa de la gente en el trabajo.

IO ES EXACTAMENTE INVENTIVA

1.3 No es exactamente inventiva

Ya sabemos que ser creativo no es ser innovador. ¿Pero es la inventiva lo que conduce a la innovación? Otra vez, aquí hay una creencia difundida, pero alejada de la realidad. Los inventores por excepción son innovadores. Los inventores están permanentemente inventando, pero esas invenciones no se convierten en innovaciones. Normalmente las invenciones no se usan, es decir, se producen muchos más, muchísimos mas inventos que productos con usuarios. Por otra parte, como mostraremos más adelante, lo característico de las innovaciones es que estas se aceptan, se compran, se adoptan, se usan, tienen usuarios.

Si hay una relación entre inventiva e innovación esta es una relación débil, no una relación fuerte. La historia está llena de inventos e inventores. Estos últimos típicamente mueren sin ver sus inventos masivamente usados.

Ocurre muchas veces, sin embargo, que ideas inventadas anteriormente, son retomadas por equipos desarrolladores de innovaciones que las convierten en propuestas de valor que, por una razón o por múltiples de ellas, sean o no claras, los pretendidos usuarios valoran y las adoptan. Por eso muchas veces los inventores son unos y los innovadores otros. Con el tiempo, el amplio público reconoce a los creadores de la innovación y los confunde como los inventores. Algunos conocedores de la historia se apresuran a señalar que el verdadero creador o los verdaderos creadores fueron éstos años antes y no estos otros, años después. En realidad unos fueron los inventores y otros los innovadores...

Como en el caso de la creatividad, la distinción aquí también es importante porque, si la innovación es esencialmente inventiva, la manera de desarrollar innovación es promoviendo la formación de individuos con esta capacidad, mientras que si, como señalamos arriba, la innovación es un problema de equipos desarrollando procesos sistemáticos, el trabajo de gestionar la innovación es de una naturaleza totalmente diferente.

Cuando promovemos la capacidad inventiva en colegios de educación media o en concursos de tecnología popular estamos fomentando el desarrollo de individuos que sean capaces de crear artilugios útiles, pero eso no significa que se esté promoviendo la innovación: inventar no significa innovar. Leonardo Da Vinci, una de las mentes más prodigiosas de la historia de la humanidad no era un innovador. Personas que están lejos de esa singularidad histórica, pero que trabajan en interacción constante con sus equipos de innovación dentro de las organizaciones que se plantean el lograr efectivamente que la gente use sus creaciones, por el contrario, pueden serlo.

NO ES EXÁCTAMENTE
LO TECNOLÓGICO

1.4 No es exactamente lo tecnológico o lo último en tecnología

Muchas innovaciones son tecnológicas, pero muchas innovaciones no lo son. La innovación ciertamente no es necesariamente la creación de productos tecnológicos y, contrariamente a lo que muchas veces se cree, las innovaciones no suelen trabajar con las últimas tecnologías, sino con nuevas aplicaciones de tecnologías previamente creadas.

La radio, la televisión, los computadores, los teléfonos celulares, los computadores, los autos no se hicieron masivos porque eran tecnológicos o porque reflejaban los últimos avances en tecnologías.

La tecnología para producir microondas no se desarrolló con los hornos de microondas: estos, por el contrario, aprovecharon el conocimiento previo que había desde hace muchos años sobre microondas en una propuesta que los usuarios en la casas tomaron como una propuesta de valor.

El primer reproductor de video casero ampliamente usado fue el *Betamax* de Sony. Éste no usó desarrollos tecnológicos de punta, sino que aprovechó todo el conocimiento que había para reducir el tamaño y el costo de los reproductores de video existentes de forma tal que se pudiese obtener un producto que, por costo y tamaño, pudiese ser aceptado en las casas.

Esto es un hecho común: normalmente las tecnologías que se emplean, incluso en las innovaciones más tecnológicas, son tecnologías previamente existentes que los equipos que desarrollan las innovaciones las adoptan, agrupan, ensamblan y reusan para solucionar un problema que quieren resolver con su propuesta de valor.

También aquí la distinción que aportamos es importante para definir la manera en que debe gestionarse la innovación. Si la innovación es esencialmente tecnología de punta, la forma de desarrollar innovación es promoviendo equipos con capacidad de hacer desarrollos tecnológicos de esta naturaleza. Mientras que, como ya mencionamos, si la innovación es un problema de equipos desarrollando procesos sistemáticos, integrando tecnologías preexistentes en organizaciones establecidas, con una fuerte orientación hacia la aceptación de los usuarios finales de la tecnología, el trabajo de desarrollar la innovación es de una naturaleza totalmente diferente.

Cuando en un postgrado universitario se trabaja en una línea de investigación consistente desarrollando nuevas tecnologías, no se está, por este sólo hecho, desarrollando innovación. Por el contrario, una pequeña organización empeñada en articular una serie de conocimientos preexistentes, ninguno creado por ella, para lograr una solución que mucha gente use, puede estar más cerca de lograr una innovación.

1.5 No es un cuento de hadas

Muchas veces oímos hablar sobre la innovación de una forma que nos despierta sentimientos de ternura, candor e inocencia y nos recuerda los cuentos de hadas con los que nos dormían en nuestra niñez.

Dentro de ese contexto, quizá estos cuentos sean maravillosos, como los que se cuentan alrededor de muchos de los grandes de la industria de las tecnologías de la información:

En 1939 Bill Hewlett se juntó con un amigo, otro ingeniero joven, Dave Packard y trabajó en un garaje en la casa de Dave para hacer un instrumento para ingenieros de sonido. En menos de diez años vendían millones de dólares y de allí siguieron hasta convertirse en el gigante mundial que es hoy día HP.

En 1975 Bill Gates, sin graduarse, deja la universidad y se junta con su amigo de la infancia, Paul Allen, para desarrollar software comenzando con un interpretador de un lenguaje de programación sencillo, el BASIC, para microcomputadores personales. De allí saltaron a hacer un sistema operativo para IBM y se convirtieron en la compañía de software más grande del mundo.

Contemporáneamente, en 1976 Apple Inc. nació de una forma similar uniendo el talento de Steve Jobs con el de Steve Wozniak y vendiendo un modesto *kit* para ensamblar un limitado computador personal. La empresa que crearon evolucionó rápidamente para convertirse en lo que es hoy día: una de las compañías de innovación más admiradas de los EEUU con una historia de productos que se convirtieron en íconos de referencia internacional.

Años más tarde, en 1982, Scott McNeil, recién salido de su maestría en la Universidad de Stanford, se juntó con otros tres jóvenes ingenieros para fundar Sun Microsystems y plasmar sus ideas surgidas alrededor de la red de la universidad. En muy poco tiempo se encontraron vendiendo decenas de millones de dólares y al frente de una de las empresas de innovación que cambió la historia reciente de la Internet.

Más recientemente, en 1998, Larry Page y Sergey Brin construyeron su computador propio en el dormitorio de Larry y empezaron a buscar apoyo para un proyecto de empresa a partir de un software buscador de Internet que habían estado desarrollando juntos. Este es el origen de Google, una de las marcas de innovación más reconocidas del mundo.

Cuando escuchamos esta historias estamos tentados a pensar que lo de la innovación nace de una idea de un producto, una pequeña empresa y muchas ganas, un poco de suerte y poco más. La realidad es, sin embargo, muchísimo más compleja. La innovación no se da como la vida de los personajes de los cuentos de hadas y, aún pensando que muchas de los datos que se mencionan históricamente en estos cuentos sean ciertos, en las omisiones, en lo que no se dice explícitamente en ellos, están los secretos de cómo la innovación se produce.

Podría parecer que esta distinción acerca de la innovación es realmente sencilla, pero conocemos de amigos brillantes y muy preparados que se juntaron con otros amigos inteligentes y crearon la empresa en el Silicon Valley para desarrollar productos a partir de ideas como las anteriores y, sin embargo, no tuvieron suerte: con ellos la magia no se dio. Y es que de verdad los cuentos pueden ser buenos para despertar la imaginación, pero la innovación es un tema más complejo.

NO ES EXACTAMENTE INNOVATIVIDAD

1.6   No es exactamente *innovatividad*

Nos hemos encontrado a mucha gente que refiriéndose a sí mismos o a terceros como *"innovadores"* muestran que confunden la innovación con la pretensión de innovación, y ciertamente no es lo mismo, aunque aquí las diferencias son más sutiles.

A la pretensión de innovación podemos llamarla *innovatividad*. Hacen *innovatividad* todos aquellos equipos que buscan sistemáticamente tener resultados que se concreten en innovaciones aceptadas. Planteado de otra forma, podemos pensar que la *innovatividad* es el fruto del trabajo de los que pretenden la innovación. Esta no es una palabra que exista en el diccionario, pero lo importante es la distinción que podemos establecer con ella. (Un poco más acerca del uso de la palabra *innovatividad* puede encontrarse en las lecturas adicionales disponible en la versión en línea http://www.ideas.com.ve).

El hecho de que uno pretenda innovación lo hace producir propuestas de valor, productos, bienes o servicios que van al mercado, que de alguna manera salen a buscar sus usuarios. Pero, independientemente de si el precio es alto o bajo, si se trata de algo vendido o de un servicio gratuito, los usuarios nunca adoptan todo lo que se les propone. Por eso la pretensión de la innovación no es innovación y no debe confundirse con ella.

Todo equipo que desarrolla innovación fortalece a conciencia sus prácticas de *innovatividad*. Sabe que la innovación no es azar, sino el resultado de la pretensión sistemática de lograr la innovación y que no todo el que desarrolla innovatividad desarrolla innovación. Pretender llegar no es llegar, esa es la diferencia. Si no buscas sistemáticamente hacer propuestas que sean adoptadas tus propuestas no van a ser ampliamente adoptadas. Pero si lo buscas, tus resultados no están garantizados. La innovación, como veremos, es difícil siempre...

Un ejemplo interesante a analizar es el de Thomas Edison citado muchas veces por su alta capacidad inventiva, pero cuyo mérito más importante indudablemente estaba en que no sólo se proponía inventar sino que trabajaba afanosamente en lograr que sus inventos fueran usados en forma significativa. Se empeñaba en cambiar prácticas sociales, trabajaba con otros, creaba organizaciones, laboratorios industriales y empresas, motivado por su actitud innovativa. Es claro que su interés no era esencialmente la invención, sino la innovación. Más de mil patentes hablan también las dificultades para lograr esta última. Sin pretenderlo explícitamente, sin crear las organizaciones necesarias, sin invertir recursos, sin comprometerse y convencer, no se llega a la innovación.

Más adelante y particularmente en el último capítulo, trabajaremos el tema de las dificultades y la estrategias para el desarrollo de innovación. Por ahora, es importante esta distinción conceptual acerca de la innovatividad y la distancia que hay entre ella y la innovación.

UNA VENTANA A LA INNOVACIÓN

LO QUE SI ES INNOVACIÓN

LO QUE SI ES INNOVACIÓN

2 Lo que sí es innovación

Muy bien, sabemos lo que no es. ¿Pero qué acerca de lo que sí es?

Después de hacernos conscientes de que mucho de lo que se habla en la calle sobre innovación confunde en lugar de aclarar, podemos intentar entender aquello que sí es innovación.

He aquí una propuesta de definición:

> La innovación es el proceso de desarrollo de nuevos productos, bienes, servicios y experiencias, que son aceptados por sus pretendidos usuarios como tales.

En esta definición hay varios puntos importantes para conversar: *"proceso* de *desarrollo"*, *"aceptados"*, *"pretendidos usuarios"*, *"como tales"* (como nuevos).

¿Qué tal si entramos en estos detalles para comprender mejor lo que sí es innovación? Una vez hecho esto podemos mejorar nuestra comprensión añadiendo, en el próximo capítulo, nuevas distinciones.

Por ahora, para comprender nuestra definición de innovación debemos profundizar en el significado de la innovación como proceso, ver cómo las innovaciones siempre tienen usuarios, valorar el mercado como juez de la innovación, ampliar sobre la importancia de la percepción de los usuarios, visualizar la necesidad de realizar el trabajo en equipos dentro de organizaciones y definir el perfil de los innovadores.

UN PROCESO DE DESARROLLO

2.1   Un proceso de desarrollo

La comprensión de la innovación como proceso es fundamental para entender su naturaleza.

La innovación es algo que ocurre en el tiempo. Es el producto de una labor sistemática. Es decir, no se trata de creación en instantes luminosos o en contextos de suerte afortunada, sino de desarrollos por aproximaciones sucesivas a resultados sistémicos durante lapsos de tiempo que podrían ser prolongados. Es, por tanto, la labor de equipos que trabajan por conseguirla dentro de organizaciones que la pretenden expresamente.

Es muy importante notar que todas estas ideas señalan aspectos diametralmente opuestos a la connotación generalizada de la innovación como producto de la creatividad. La creatividad puede ser una característica de individuos en instantes de lucidez, individuos creativos pueden pertenecer a organizaciones innovadoras, pero la innovación como tal es un trabajo de equipo que se llena de preguntas sistemáticas mientras permanece enfocado en obtener el resultado deseado con una actitud de tensión creativa y de rigurosidad que se sostiene en el tiempo.

Sobre todo al principio, el desarrollo de las innovaciones se fragua en un universo hecho de preguntas en las cuales muchas ideas no están claras, pero lo que es verdad es que la perseverancia al buscar respuestas adecuadas, que por un lado trabajen y por otro sean capaces de convencer a los usuarios que se desean, es lo que hace que los proyectos de innovación encuentren su camino.

Aunque la innovación comparte con la investigación académica mucha de su rigurosidad, si bien no formalidad y jerarquía, el proceso de desarrollo de la innovación no busca crear conocimientos nuevos, universales e independientes de su aplicación, sino soluciones prácticas que sean capaces de motivar su aceptación, propuestas de valor que los pretendidos usuarios hacen suyas. Eso sólo se logra con un proceso de desarrollo.

PRODUCTOS CON USUARIOS

2.2 Productos con usuarios

De la definición de arriba también se desprende que al conversar de innovación hay que entender cuál es el público del que estamos hablando o que estamos pretendiendo ya que sólo cuando una parte significativa de este público ha aceptado la propuesta de valor que se le hace, la innovación se puede considerar realizada.

Si ciertas personas no están entre los pretendidos usuarios de una innovación, su actitud ante la propuesta que le hacemos no es significativa. Pero si cierto número significativo de usuarios sí está entre los pretendidos usuarios y son indiferentes o rechazan la propuesta que le hacemos, esta propuesta no es una innovación, independientemente de cualquier otra consideración. Aunque suene novedoso e interesante, inédito y estupendo, la voz de los usuarios, expresada a través de sus prácticas es la que cuenta.

De hecho, una manera sencilla de discernir si algo es o no una innovación es evaluar quienes la usan. Pensemos, por ejemplo, en si preguntamos a un grupo de personas que viven en una ciudad donde la infraestructura está disponible, si usan el teléfono celular. ¿Qué respuesta obtendríamos? En tanto que la gente lo usa, claramente el teléfono celular es una innovación, independientemente de que algunas personas no lo carguen consigo, no lo usen y no tengan interés en hacerlo. La mayoría lo hace y adaptó sus hábitos para usarlos y esto es lo que cuenta para considerar al teléfono celular como una innovación.

Es claro entonces que cuando se habla de innovación se habla siempre de productos que tienen usuarios.

EL MERCADO COMO JUEZ

2.3 El mercado como juez

Como hemos visto, las innovaciones se convierten en tales cuando los pretendidos usuarios las adoptan.

Aunque siempre encontraremos alguna literatura en la que se define la innovación con independencia de la aceptación, cuando esto se hace así se cae de inmediato en problemas para determinar lo que es y lo que no es innovación y se confunde con espacios que quedan mejor definidos con el concepto de inventiva o con el de *innovatividad*.

Por ello, es mejor considerar que sin la aceptación de los usuarios no hay innovación, sino propuestas que se hacen al mercado. Bienes o servicios buscando su público. Esto equivale a considerar que las innovaciones son, por definición, aceptadas por sus usuarios naturales.

Esto significa que una organización que desarrolla productos que no han sido claramente aceptados por el mercado puede ser una organización que pretende innovación pero que aún se mueve en espacios de *innovatividad*, en los términos en que esta fue definida arriba.

En otras palabras, cuando se define el mercado, los pretendidos usuarios, como los jueces de la innovación, la subjetividad y la imprecisión de desvanecen. Si algo es o no es innovación lo determinan los usuarios en el acto masivo, claramente visible y por tanto incuestionable, de usar la innovación, no el sujeto creador que desarrolla las propuestas auto otorgándose la prerrogativa inconsulta y *a priori* de que él es un innovador y su producto una innovación. Dichas las cosas de este modo, el mercado es el juez de la innovación.

PERCEPCIÓN Y VALOR

2.4 Percepción y valor

La definición de arriba también establece claramente que en lo que a innovación respecta, la percepción del público es crucial y lo que importa no es realmente si lo que proponemos es realmente nuevo e interesante o no, sino si nuestro pretendido público así lo percibe.

Así como en la actividad científica algo se considera un nuevo conocimiento si puede probarse que es la primera vez que se formula y, desde este punto de vista, es original, a la innovación le tiene sin cuidado si la idea base de la innovación ya había sido formulada o no con anterioridad. No hay que probar nada. La originalidad, en ese sentido, es irrelevante.

Lo que alternativamente le importa a la innovación es lo que piensan los usuarios. ¿Lo ven interesante? ¿Están dispuestos a probar? ¿Les llama la atención al punto de atreverse a cambiar? ¿Sienten que se trata de una ocasión en la que hay razones claras para cambiar su práctica social actual? Esto es lo que cuenta. Por eso sus percepciones como usuarios son relevantes, más que cualquier erudita opinión intelectual, esta percepción tiene valor.

Este hecho de que lo que importa son las percepciones y el interés de aceptar el cambio, planteado en una sociedad donde la publicidad permanentemente incita a adquirir productos, lleva muchas veces a la creencia de que cualquier propuesta que llegue a un mercado puede tener la aceptación si se la acompaña con una dosis de publicidad suficiente. Esto es un error y hay notables ejemplos de que una propuesta de valor que no es percibida como ventajosa por un mercado no será adoptada, independientemente de cuanta publicidad se gaste en darla a conocer. La publicidad funciona si hay una aceptación previa del tipo de producto y de las prácticas sociales ligadas a su uso. Si no es así, la publicidad no funciona.

También en ocasiones se cree que el precio es el determinante casi exclusivo de la aceptación, pero esto tampoco es verdad. Hay muchas propuestas gratuitas que no son aceptadas, incluso siendo gratuitas. No debemos caer en la tentación de considerar que la innovación es un problema de solución trivial, que se resuelve con métodos de publicidad o con un simple esquema de precios. La aceptación es un problema complejo, pero sobre ello volveremos más adelante. Por ahora es suficiente la idea de que más que la originalidad histórica, es la percepción de la mayoría de los usuarios lo que tiene valor en la innovación.

2.5 Equipos dentro de organizaciones

Por lo que hemos aprendido es fácil darse cuenta de que no hay innovadores aislados. Los innovadores siempre trabajan en equipo.

Sólo trabajando en equipo pueden reunirse todos los puntos de vista que normalmente es necesario integrar en el desarrollo de una innovación. Si se tratara sólo de crear nuevos productos tecnológicos, pudiera ser que sólo hubiera que integrar conocimientos técnicos relativamente homogéneos, pero en la práctica esto no es así, ya que, como hemos visto, incluso las innovaciones más tecnológicas requieren de integración de conocimientos y perspectivas diversas. A la falta de conformación de equipos heterogéneos se debe que muchas iniciativas que pretenden innovación se queden en algún punto en medio del camino.

El tema es un poquito más complicado ya que no sólo es un problema de integrar equipos de trabajo heterogéneos en los que concurran muchos puntos de vista, sino que se requiere normalmente de organizaciones orientadas como un todo hacia la innovación. Esta relación entre la innovación y la organización es un tema crucial que es fundamental para entender por qué en algunos sitios se da la innovación y en otros no. Por su importancia lo trabajaremos cuando ya estemos más avanzados en la comprensión de la naturaleza de la innovación en el capítulo que llamamos: "Innovación y organización". Por ahora, en esta primera mirada, es suficiente saber que los innovadores siempre trabajan en equipos dentro de organizaciones y podemos intentar colocar la lupa allí, en el interior de estos equipos y responder, en la siguiente sección de este capítulo, las preguntas acerca de cuál es el perfil de los innovadores.

PERFIL DE LOS INNOVADORES

2.6 Perfil de los innovadores

Es fácil ver que se puede ser creativo, emprendedor, empresario, profesional, tecnólogo o inventor sin ser innovador. Cada uno de estos términos representa unas cualidades y personalidades de diferente naturaleza.

Un ejercicio interesante que normalmente proponemos a los participantes de nuestros talleres de innovación, presenciales o en línea, es intentar definir estos términos con las propias palabras y, mejor aún, intentar expresar el perfil de estas personas. Sus rasgos más resaltantes. ¿Se anima nuestro lector a hacer este ejercicio ahora?

Interesante sin duda es hacerse la pregunta de qué es, entonces, lo que define el perfil de un innovador. ¿Cuáles son las cualidades más resaltantes de la personalidad de un innovador? De hecho, esta pregunta ha sido objeto de investigación en sitios como el Instituto de Investigación Industrial (ubicado en Washington DC) donde Charles Larson después de estudiar el comportamiento de un número significativo de innovadores encontró los siguientes cuatro rasgos distintivos en la personalidad de un innovador:

1. Tienen habilidades para explicar claramente a todos los trabajadores, en cada etapa, cuan crucial es el proyecto para el futuro de la compañía.

2. Colocan metas cercanas a lo imposible para todos los involucrados.

3. Apuntan a dominios ricos, áreas de conocimiento donde las respuestas están todavía esperando.

4. Mueven gente regularmente de los laboratorios a las unidades de negocios.

Es importante observar cómo no es el conocimiento sino las habilidades comunicativas las que en esencia define el perfil de los innovadores. La aspiración a un cambio en la práctica social y el compromiso con esta aspiración, aunque luzca imposible, es el motor que los impulsa, mientras que el conocimiento se busca y se desarrolla en forma integral y confiablemente aplicado.

Cuando vemos la innovación como procesos de desarrollo que generan productos con usuarios, donde el mercado es el juez del valor de lo que desarrollan los equipos dentro de las organizaciones, cuando vemos la importancia de la comunicación en la innovación y observamos la gestación de un tipo de conocimiento que nace aplicado, estamos aprendiendo a ver la innovación y a distinguirla de lo que no es innovación, aunque muchas veces en la calle se confunda con ella. Con esta capacidad de ver alcanzada, el próximo paso en el aprendizaje es el que hacemos en el siguiente capítulo: agudizar la mirada.

UNA VENTANA A LA INNOVACIÓN

AGUDIZANDO LA MIRADA

AGUDIZANDO LA MIRADA

3 Agudizando la mirada

Cuando uno ve un paisaje encantador a través de una ventana obtiene una primera imagen de conjunto. Cuando agudiza la mirada observa detalles particulares que sin duda son claves en hacer el conjunto encantador. Esa es la metáfora con la que trabajamos en este capítulo.

Después de entender un poco lo que la innovación no es y lo que la innovación sí es, estamos en condiciones de agudizar la mirada con la que vemos a través de la ventana que nos muestra el interesante mundo de la innovación.

El primer detalle que observaremos es que las innovaciones van más allá de la creación de productos: lo que crean son *categorías de mercado*, un concepto incesante para entender y usar. Luego vemos que, en innovación, al éxito no se le llega de una única forma o por un único camino: hay muchos *tipos de innovación*.

Agudizando la mirada nos damos cuenta de que lo que usamos y lo que predomina en la calle son las innovaciones, pero que cada una de ellas está en una *etapa* diferente y eso nos abre la posibilidad de plantearnos no sólo el juego de establecer si algo es o no innovación, sino de discernir en qué etapa de su *ciclo de vida* se encuentra esta innovación o propuesta de valor.

Finalmente, el ejercicio de agudizar la mirada nos lleva al descubrimiento de las raíces de los procesos que inducen a la innovación, con la pregunta de cuáles son las *fuentes de la innovación*.

Trabajaremos en este capítulo con estos nuevos conceptos que nos permitirán comprender nuevas dimensiones acerca de la innovación.

LA INNOVACIÓN CREA CATEGORÍAS DE MERCADOS

3.1 La innovación crea categorías de mercado

Algo que si no se desprende fácilmente de la definición de innovación que hicimos arriba, pero que si está ligado a la práctica del desarrollo de innovaciones es la creación de categorías de mercado: Nuevas *prácticas sociales* con que los grupos humanos expresan su adopción de productos y servicios.

El concepto de categoría de mercado o de cambio de prácticas sociales que expresan la aceptación de un producto o servicio se comprende bien cuando se examinan ejemplos. Tomemos una vez más el caso del horno de microondas. Es claro que sus usuarios lo aceptaron. Pero esto no se expresa sólo en que en las casas de los pretendidos usuarios estos artefactos se compran, sino en que las cocinas que diseñan los arquitectos y construyen los carpinteros el espacio para el horno de microondas se reserva. Se expresa en el hecho de que la primera alternativa para calentar la comida es el horno de microondas, lo cual hizo una ruptura clara de la práctica anterior de calentar con la cocina. Puede notarse que ahora se sirve y luego se calienta y no como antes, que se calentaba y luego se servía. Puede notarse que se producen nuevas vajillas y utensilios para respaldar esta innovación. La sociedad completa cambió para adecuarse a una nueva manera de calentar.

Puede notarse entonces que más que un producto que se vende hay un fenómeno social que se produce, con la aceptación del uso masivo del producto.

Como otro ejemplo de categoría de mercado podemos observar cómo con nuestra aceptación de los teléfonos celulares hemos cambiado el modo en que nos comunicamos y la frecuencia en que lo hacemos, la forma en que trabajamos, lo que consideramos lugar de trabajo, etc.

Los mensajes de texto de la población juvenil y el *chat* son también ejemplos claros de cambios de prácticas sociales, de categorías de mercado nuevas.

¿Qué pensamos de las llamadas comidas rápidas? Independientemente de que nos gusten o no, como individuos, es claro que las comidas rápidas son una categoría social distinta, que echó raíces en nuestra práctica social citadina de la actualidad.

Todos estos ejemplos nos hacer ver que la adopción de un nuevo tipo de producto no significa exactamente la compra, sino la aceptación de mismo a través de cambio de prácticas sociales.

¿Podrán nuestros lectores colocar algunos ejemplos más que ilustren el concepto de categoría de mercado?

3.2   Tipos de innovación

Como hemos visto arriba, lo más importante y a la vez lo más difícil de la innovación es ganar la aceptación de los pretendidos usuarios. Estos expresan esta aceptación aunque nuestras propuestas les luzcan diferentes a través de un cambio claro y decidido de sus prácticas sociales. Todo eso se dice muy fácil y rápido, pero es realmente difícil de lograr.

Ahora bien, existen muchas maneras de hacer innovación. Si nos fijamos a nuestro alrededor, todo lo que se usa son innovaciones. Propuestas que en determinado momento nos hicieron y que adoptamos en nuestras prácticas sociales cotidianas.

La historia del cambio de nuestras prácticas sociales es la historia de las innovaciones que aceptamos. Bajo esta perspectiva podemos explorar los cambios que adoptamos con la luz eléctrica, el automóvil, el metro, el teléfono fijo, la radio, el teléfono móvil, el horno de microondas, el reproductor de CD, el cine, el reproductor de DVD, el computador personal, la cámara digital, la Internet, etc.

Es claro que todas estas innovaciones son definitorias de categorías de mercado entre las cuales nos movemos. Adecuamos nuestras prácticas sociales a ellas. Obviamente, cada innovación recorre un ciclo en el cual es desarrollada, aceptada y finalmente sustituida por una propuesta de sostenimiento de la categoría de mercado o una propuesta de nuevo cambio total de práctica social.

Entonces: ¿Qué tipos de innovaciones existen? ¿En qué parte del ciclo de venta o de adopción se puede producir la innovación?

La respuesta es que las innovaciones pueden producirse con énfasis en muchos puntos del ciclo de producción y entrega de un producto, bien, servicio o experiencia. Por ejemplo:

Nuevos productos o mejoras: Reproductores de video (Betamax, VHS), Microondas, Celulares, Videojuegos, IPods.

Nuevos métodos de producción: Línea de producción de Henry Ford, fabricación *just-in-time*.

Nuevas formas de organización: Franquicias, *joint-ventures*, Wikipedia.

Nuevos usos para productos existentes: Computadores para aplicaciones no militares, Internet, Telefonía IP, Cámaras en los teléfonos.

Nuevos mercados para productos existentes: Peluquerías, Celulares y productos financieros para poblaciones de bajos recursos, Google.

Nuevas canales de distribución: Internet para vender libros, discos, juguetes, computadores o viajes.

Algunas innovaciones pueden ser difíciles de clasificar, pero el ejercicio de clasificar siempre genera conversaciones y aprendizajes interesantes.

ETAPAS DE LA INNOVACIÓN _____

3.3 Etapas de la Innovación

Como hemos visto arriba, los productos que usamos, los servicios que consumimos, son, en general, innovaciones en un algún punto de su ciclo de vida.

Al principio, la innovación comienza como una propuesta de un equipo de innovadores dentro de una organización que se enfoca en producir un producto con el que espera lograr de alguna manera un cambio de práctica social. La meta inicial del equipo es desarrollar un prototipo con el que esperan convencer a los inversionistas. Hacen eso como un paso en la ruta de su sueño: lograr un producto exitoso y ganar con él la aceptación de sus pretendidos usuarios. Pocos logran recorrer todo este camino, pero algunos lo hacen.

Cuando al final se gana la aceptación, los retos no finalizan: Comienza el trabajo por mantener la aceptación. La innovación está en otra fase. ¿Cuáles son pues las fases de la innovación?

Se habla, en general, de cinco fases: Concepción, Incubación, Demostración, Promoción y Sostenimiento.

3.3.1 Concepción

Se dice que el ambiente de desarrollo de innovaciones es siempre un ambiente donde hay más preguntas que respuestas. Esto es particularmente verdadero en la etapa de la concepción, una etapa de investigación donde se vive entre tormentas de ideas e investigaciones que esperan concentrarse posteriormente en un trabajo de desarrollo. Ideas siempre hay muchas, buenas y desarrollables menos.

La etapa de Concepción persigue dar forma a una idea que se considera buena, definir el concepto y ganar claridad acerca de los conocimientos necesarios para llevar la innovación a cabo.

3.3.2 Incubación

La incubación es la primera etapa del desarrollo. Hay más claridad en lo que se quiere alcanzar como propuesta de valor y el trabajo se centra en lograr los prototipos con los que se pretende catalizar la inversión. Normalmente se realizan varios prototipos. En esta etapa se prueban los conceptos.

Si en la Concepción alcanzamos a transformar una idea en una propuesta de apariencia realizable a través de un proceso de desarrollo, con la Incubación le sumamos a nuestra idea un prototipo funcional, que genera mayor confianza en la factibilidad del proyecto.

A los que financian los procesos de desarrollo de innovación en esta etapa se le llama "inversionistas ángeles" porque indudablemente que lo hacen porque creen en las personas que están detrás de las ideas.

3.3.3 Demostración

La demostración se desarrolla con prototipos andando. La idea es convencer a potenciales inversionistas para financiar la promoción que permitirá dar a conocer a los pretendidos usuarios la ventaja de la propuesta de valor que se desea realizar.

Esta es la etapa donde se prepara el escalamiento final del proyecto y se obtienen los recursos necesarios para lograr promover el producto en una escala adecuada al tamaño del público que se pretende.

A los que financian la innovación cuando aún no está probada su capacidad para ganar el mercado, sino la capacidad de los equipos para desarrollar prototipos que parecen hablar de esta capacidad, se llaman "inversionistas de riesgo", porque se alían con los emprendedores y deciden correr el riesgo convencidos de alguna manera en la factibilidad del proyecto.

3.3.4 Promoción

La inversión logró el escalamiento necesario para entrar al mercado en forma masiva y de lo que se trata ahora es de convencer al amplio público para que evalúe el valor de la propuesta que se les hace.

Los cambios de prácticas sociales no se logran fácilmente. Hay que convencer a una buena parte de los usuarios que se pretenden para el producto a pesar de que estos se comportan en forma pragmática. Para cambiar necesitan buenas razones, desde su punto de vista de usuarios. No son suficientes, de forma automática, las buenas razones desde el punto de vista de los proponen el cambio.

Si las cosas van bien (lo cual no ocurre siempre) la innovación se vuelve exitosa en esta etapa y con ello resuelve sus problemas de financiamiento convirtiéndose en un proyecto rentable, con retornos sociales y /o económicos significativos.

3.3.5 Sostenimiento

Cuando la innovación gana la aceptación de sus pretendidos usuarios comienza la etapa del Sostenimiento: ahora el reto es mantenerse en el interés de los usuarios.

Si la innovación es exitosa, viene la competencia y vendrán las nuevas propuestas alternativas. Esta es la etapa de las mejoras continuas y cuantitativas que no cambian significativamente las prácticas sociales sino que buscan que el éxito y la aceptación se mantengan en el tiempo.

Los equipos de desarrollo se concentran ahora en cambios relativamente pequeños que permiten mantener el interés a pesar de la eventual aparición de nuevas alternativas competidoras, bien sean estas disruptivas o basadas en el mismo tipo de prácticas y características que llevó a la innovación a convertirse en un éxito.

FUENTES DE INNOVACIÓN

3.4 Fuentes de la Innovación

Desde hace algunos años, el fallecido Peter Drucker, ampliamente conocido por sus aportes en la comprensión de los mecanismos de gestión de la innovación, estudió y clasificó las llamadas fuentes de la innovación. Estudió numerosas innovaciones para tratar de encontrar patrones que explicasen de dónde vienen las innovaciones. Si hay patrones comunes en la mayoría de las innovaciones, de lo que se trata es de trabajar sobre estas fuentes comunes, porque ellas marcarán el camino. Con ellas llegaremos en forma más segura y directa.

Drucker escribió un libro que se convirtió en una referencia mundial: "Innovación y Emprendedurismo" ("Innovation and

Entrepreneurship"). En este libro Drucker clasificó así las fuentes de la innovación:

1. El éxito inesperado que es gratamente recibido pero raramente analizado para ver por qué ocurrió.

2. La incongruencia entre lo que actualmente sucede y lo que se suponía que debía ocurrir.

3. La inadecuación de un proceso subyacente que era tomado por garantizado.

4. Los cambios en la industria o en el mercado que agarran a todos por sorpresa.

5. Los cambios demográficos.

6. Los cambios de percepción o inclinación traídos por las subidas y bajadas de la economía.

7. Los cambios de conciencia causados por un nuevo conocimiento.

Lo interesante de esta lista es que no sólo enumera las fuentes, sino que también las jerarquiza desde lo más fácil a lo más difícil. Es decir, si queremos producir innovaciones lo más sencillo es analizar los éxitos, propios y ajenos, que se celebran pero que no se analizan. A partir de allí es más fácil llegar a una forma de provocarlos.

Otra fuente o patrón de conducta interesante y facilitador es analizar las situaciones en las que quedamos desconcertados, viendo que sucedió algo muy diferente a lo que esperábamos. Por allí también es relativamente sencillo encontrar rutas que nos conduzcan al desarrollo de innovaciones.

La lectura desde abajo también es interesante. Si queremos producir innovaciones el camino más difícil es tratar de hacerlas sobre ideas y conocimientos completamente nuevos. Por allí nos iniciamos en una senda en la que con mucha probabilidad nos perderemos sin encontrar el éxito.

Es curioso que aunque han pasado algunos años desde que Drucker hizo estos hallazgos, los analizó y publicó, todavía hoy, en muchos sitios, mucha gente cree y se empeña y se estrella en el intento de producir innovaciones, productos aceptados, a partir de nuevos conocimientos. Es una tentación típica en las universidades y centros de investigación donde la gente se enamora de sus nuevas ideas, teorías y explicaciones y se aparta, casi inconcientemente, de los caminos que conducen a la aceptación.

UNA VENTANA A LA INNOVACIÓN

INNOVACIÓN Y ORGANIZACIÓN

INNOVACIÓN Y ORGANIZACIÓN

4 Innovación y organización

Ahora entramos en un tema clave para comprender la innovación. Un tema por el que no se podía comenzar porque no es evidente, el tema de la organización. La idea central es que *sin trabajar en organización no se puede hacer innovación.*

Para los que nos han seguido hasta aquí, agudizando su mirada a la innovación, las puertas de este conocimiento se abren. Capítulo a capítulo hemos entendido que, efectivamente, contrariamente a lo que se cree en la calle, la innovación no es tanto un problema de luminosa creatividad, de ingeniosa inventiva, de tecnologías de punta y sofisticados conocimientos o de ideas inéditas. Antes que eso, la innovación es el fruto de un trabajo que integra conocimientos en el interior de una organización que se enfoca para lograrla.

Es claro entonces que hay una relación entre innovación-organización que es necesario entender. Ya sabemos que la innovación no la producen individuos brillantes, sino equipos de trabajo. Ya sabemos que la innovación no se produce en forma espontánea sino gestionada. Ahora bien, ¿Por qué en algunas organizaciones se facilita la innovación y en otras no? ¿Hay modelos que podemos seguir para desarrollar organizaciones donde la innovación se produzca, si no espontáneamente, por lo menos fácilmente?

La realidad es que la innovación se produce en organizaciones que expresamente se diseñan para facilitarla. ¿En qué consiste este diseño? ¿Cuáles son las prácticas más comunes? ¿Hay recetas para crear este tipo de organizaciones?

La respuesta es que hay buenas prácticas en las que coinciden muchas de las organizaciones que se enfocan en el desarrollo de innovaciones, pero no hay recetas, en el sentido de pasos infalibles para el resultado deseado. Siempre hay experimentación e incluso las organizaciones exitosas toman caminos donde la equivocación está presente.

Algunos de los principios con los que se trabaja la dimensión organización en innovación son los siguientes:

1. Estimular el pensamiento disruptivo.

2. Realizar vigilia tecnológica.

3. Enfocar *transdisciplinariamente* los problemas.

4. Autotransformación y experimentación.

Entremos un poco más en ellos.

PENSAMIENTO DISRUPTIVO

4.1 Pensamiento disruptivo

El *pensamiento disruptivo* está en la base de las innovaciones porque éstas se generan cuando los innovadores ven lo que el ojo común no ve. El ojo común sólo ve las soluciones comunes. El pensamiento disruptivo ve alternativas que la mayoría de las personas no imaginan y no consideran.

El punto en lo que respecta al pensamiento disruptivo es que en las organizaciones llenas de normas y reglas hay poca cabida para el pensamiento disruptivo. La gente no sólo no es reconocida sino que es censurada por pensar diferente y eso tiende a matar las ideas disruptivas. Por el contrario, una organización orientada a la innovación es una organización donde el pensamiento disruptivo no sólo tiene cabida sino que se estimula, donde las ideas que no trabajaron se repiensan antes de juzgarse, donde las tecnologías que funcionan en forma radicalmente diferente se analizan, donde se consideran métodos alternativos a los establecidos, donde los éxitos se analizan con perspectivas diferentes a las tradicionales.

Lo importante es darse cuenta de que el pensamiento disruptivo no nace del azar sino de un hábito sistemático que se obtiene por entrenamiento y refuerzo ambiental, y por eso la cultura de la organización es clave. Como hemos visto la innovación es siempre conocimiento aplicado. El valor de las ideas, la creatividad, el conocimiento y las tecnologías se determinan en el contexto de las aplicaciones.

Las organizaciones que buscan innovación son selectivas en los temas. Privilegian, de alguna forma, los proyectos que tienen un alto potencial de retorno económico y social y el potencial vuelo de las ideas se educa para estimular el pensamiento disruptivo que aporta valor en esa dirección.

Por otra parte están las enseñanzas de las fuentes de la innovación de Peter Drucker, que estudiamos arriba. Si repasamos la lista de las tres primeras fuentes -el éxito inesperado que es gratamente recibido pero raramente analizado para ver por qué ocurrió, la incongruencia entre lo que actualmente sucede y lo que se suponía que debía ocurrir y la inadecuación de un proceso subyacente que era tomado por garantizado- podemos ver que hay en ellas un enorme potencial para estimular el pensamiento disruptivo en una organización que promueve la innovación.

Un ejemplo interesante e ilustrativo aquí es el caso del iPod. Un reproductor de sonido que cambió la manera transportar, adquirir y reproducir música. ¿Qué vieron los innovadores que trabajaban en Apple, una empresa de computación, que no vieron los diseñadores de productos de Sony, una empresa del área, que en ese momento tenía varias decenas de reproductores de música en el mercado?

VIGILIA TECNOLÓGICA

4.2 Vigilia tecnológica

Una de las características comunes de las organizaciones que desarrollan la práctica de la innovación es la *vigilia tecnológica*. Son siempre organizaciones que están pendientes de lo que pasa. Pero vigilia tecnológica no significa estar pendiente sólo de lo que pasa en el área donde el trabajo de uno se inserta, sino, inclusivamente, de lo que pasa fuera de esta área, aparentemente desconectado con nuestro quehacer cotidiano.

La historia está siempre llena de ejemplos donde la vigilia tecnológica ha sido clave en el desarrollo de innovaciones muy exitosas y donde la ausencia de vigilia tecnológica ha ocasionado el derrumbe de organizaciones y esquemas de producción de bienes y servicios allí donde los protagonistas no vieron las posibilidades de los cambios de prácticas sociales.

Una de los ejemplos clásicos es la industria de la relojería suiza que perdió su dominio mundial cuando no vio las posibilidades de la electrónica digital. Al final reaccionaron y gracias a ello hoy están en el negocio de los relojes de lujo, si bien no en el negocio masivo.

Otro ejemplo está en la industria de la fotografía química que fue transformada por la industria de la computación. Las organizaciones que no realizaron la vigilia adecuada, miraron e invirtieron en el desarrollo de nuevos productos de fotografía química sin ver el cambio de prácticas sociales que vendría con la fotografía digital. La reacción tardía significó la pérdida de muchísimo dinero y posicionamiento. Otros actores, empresas de electrónica y computación, entraron en el negocio de la fotografía. La historia siguió y las empresas fabricantes de telefonía celular vieron nuevas posibilidades al incluir las cámaras en sus teléfonos y por eso le han venido disputando espacios a los proveedores de cámaras de fotografías, clásicos y nuevos.

Los proveedores del servicio telefónico tenían que tomar medidas para competir en su área con nuevos actores, como por ejemplo, los de la industria de la televisión. Si los dos llegaban con un cable a las casas ¿cada uno no podía prestar el servicio del otro?

Las universidades colaboran y compiten con las otras universidades. Hoy en día, sin embargo, algunas aún deben descubrir que pueden colaborar y competir con actores fuera del ámbito educativo, como por ejemplo, grandes empresas de tecnología. ¿Quién forma y quién certifica?

La prensa, la radio, los canales de televisión eran antes industrias separadas pero hoy días todas se expresan a través de Internet y se ven afectadas por la llamada convergencia de medios. Todos ellos al final compiten en Internet por los mismos usuarios ¿O no?.

4.3   Transdisciplinariedad

La innovación, como hemos visto es *transdisciplinaria.*

No se genera a partir de la aplicación de conocimientos académicos disciplinarios sino de conocimientos que nacen aplicados en la comprensión de los problemas y el desarrollo de las soluciones.

Esta *transdisciplinariedad* tiene importantes implicaciones en términos de organización. Los equipos de trabajo con los que se resuelven los problemas deben incorporar múltiples perspectivas. Deben poder integrarse y desintegrarse cada vez que sea necesario. Esto significa que las organizaciones que agrupan a la gente por áreas de conocimiento corren el peligro de crear muy poca comunicación de puntos de vista realmente diferentes, atentando contra la innovación. También tienen problemas para producir innovaciones las organizaciones con organigramas verticales muy establecidos.

Finalmente está el problema de la calidad. La calidad en los equipos *transdisciplinarios* es validada por pares e impares, expertos e inexpertos, lo que tiende a generar puntos de vista integrales y cercanos a los pensamientos y criterios de los pretendidos usuarios y aportantes en la cadena de valor.

Cuando la calidad es un problema de especialistas, se tiende a generar servicios demasiados aislados del pensamiento común, del punto de vista de los pretendidos usuarios y por tanto se disminuyen las posibilidades de crear productos aceptados para concretar así la innovación.

AUTOTRANSFORMACIÓN
Y EXPERIMENTACIÓN

4.4 Autotransformación y experimentación

La *autotransformación* es una característica clave común en las organizaciones que gestionan innovación.

La idea es que estas organizaciones nunca se piensan a sí mismas como obras acabadas sino que, por el contrario, repiensan su adecuación e idoneidad constantemente.

En estas organizaciones la creación, fusión y eliminación de equipos y unidades (departamentos, direcciones, divisiones, grupos *ad hoc*) es una actividad natural, no traumática. Para ello hay una reflexión constante para evitar la generación de ansiedad a niveles individuales y colectivos.

Muy importante es el hecho de que la transformación de la organización tiene que ver con la etapa que se vive en el ciclo de vida de la organización. Como señalamos arriba, hay cinco etapas típicas en el desarrollo de una innovación (Concepción, Incubación, Demostración, Promoción y Sostenimiento). Lo importante es darse cuenta de que cada etapa requiere de una organización diferente, el modelo de organización adecuado para investigar no es normalmente el modelo de organización adecuado para desarrollar y éste no lo es para demostrar, promover o sostener.

Otro aspecto ligado a la autotransformación es la *experimentación*. Es importante en la organización que pretende la innovación que haya un espacio conceptual y práctico para experimentar. El problema con la experimentación es que consume recursos y normalmente no llega a resultados, por lo que, si no es aceptada, será considerada como ineficiencia.

La idea es que la libre discusión de ideas y las pruebas de conceptos deben ser vistas como prácticas naturales que crean potencial para el desarrollo de productos. Adicionalmente la experimentación no es una actividad puntual y puede ser larga en el tiempo a nivel de proyectos. Esto la hace difícil de sostener en una organización que no comprende la naturaleza de la innovación. Pero si la experimentación produjera resultados positivos la mayoría de las veces sería desarrollo, no experimentación.

UNA VENTANA A LA INNOVACIÓN

DINÁMICA DE LA INNOVACIÓN

DINÁMICA DE LA INNOVACIÓN

5 La dinámica de la innovación

El tema de la dinámica es un tema fascinante. Superinteresante.

Ya no qué características tiene, sino ¿Cómo es que ocurre? ¿Cuáles son las dificultades? ¿Cómo podemos hacerle frente a estas dificultades?

El estudio a fondo de los problemas de la dinámica y de la gestión de la innovación escapa a los objetivos de este taller, pero lo que sí pretendemos es lograr transmitir la naturaleza de la dificultad y la motivación para conocer más acerca de los problemas y las estrategias de solución ligadas al cambio de paradigmas o de prácticas sociales. Estas son precisamente las secciones que siguen: "Siempre difícil", sobre las dificultades de la innovación, "Los mismos diferentes grupos", sobre los distintos tipos de grupos de usuarios con los que hay que trabajar cada vez, "Los problemas del cambio de paradigmas", sobre las dificultades en la interacción con los distintos grupos de usuarios cuando se quieren cambiar las prácticas sociales y "Un modelo para la estrategia", sobre cómo se pueden vencer los obstáculos intrínsecos en la introducción a un mercado signado por grupos y etapas diferentes.

En nuestra experiencia lo que compartimos en este capítulo es uno de los conocimientos que más se disfruta cuando se aprende acerca de innovación. Una vez más recomendamos a nuestros usuarios interesados profundizar las lecturas complementarias a las que pueden accederse a partir de la publicación en línea de este taller en el Módulo de innovación de la Cátedra Virtual de Emprendimiento de la Fundación Ideas (http://www.ideas.com.ve).

SIEMPRE DIFICIL

5.1 Siempre difícil

La innovación es deseable, pero es difícil siempre, en todas las latitudes. ¿Por qué es tan difícil?

Porque el desarrollo de una innovación requiere de una buena idea, que se transforme en un buen proyecto, que obtenga su financiamiento y desarrolle todas sus etapas, hasta concretar un producto o servicio que entra en el mercado y es reconocido y aceptado por este.

Cabe en un párrafo y es fácil decirlo pero en la práctica hay dificultades. En la realidad, uno se encuentra con que la mayor parte de las ideas no son "buenas", la mayor parte de las "buenas ideas" no se concretan en "proyectos", la mayor parte de los proyectos se quedan en proyectos, no se desarrollan, la mayor parte de los proyectos que se desarrollan no concluyen en un producto o servicio que entra en el mercado y la mayor parte de lo que entra en el mercado no se transforma en innovación.

Algunas estadísticas han planteado que se necesitan más de 3.500 buenas ideas para generar una innovación (Ver la publicación en línea en http://www.ideas.com.ve). Siendo las estadísticas tan duras uno se pregunta entonces, de nuevo, ¿Por qué es tan difícil?

Lo que ocurre es que, como hemos estado conversando, la innovación genera cambios de prácticas sociales pero, en general, los seres humanos somos pragmáticos y no cambiamos fácilmente nuestras prácticas. Por eso es que cuando llegamos a este punto de comprensión de lo que es la innovación necesitamos otro salto para entender la *dinámica de la innovación*, el cómo podemos gestionar el cambio de paradigmas o, simplemente, el cambio de prácticas sociales, la adopción de propuestas con contenido innovador. Este es uno de los temas más apasionantes vinculados con la gestión de la innovación y cerramos este taller con una pequeña introducción al mismo que, si nos resulta bien, nos dejará altamente motivados a aprender más...

LOS MISMOS DIFERENTES GRUPOS

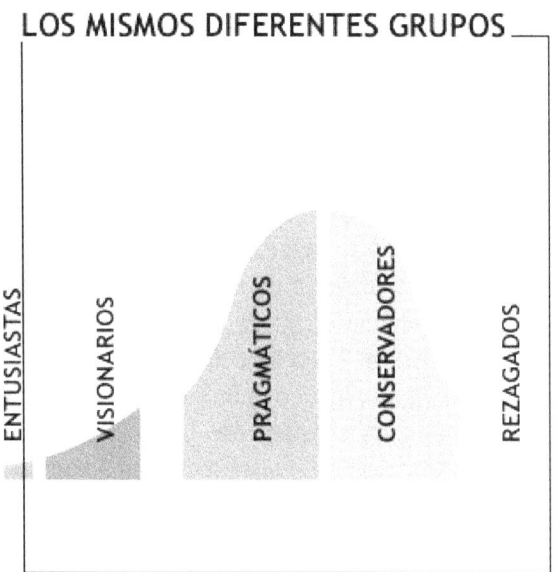

ENTUSIASTAS · VISIONARIOS · PRAGMÁTICOS · CONSERVADORES · REZAGADOS

5.2 Los mismos diferentes grupos

No importa si se trata de un nuevo producto de tecnología sofisticada o de un producto mucho más simple, pero que implica un cambio real en el modo de hacer las cosas, el problema con que se enfrenta un equipo que quiere gestionar ese cambio de prácticas en un grupo humano significativo entre los pretendidos usuarios es del mismo tipo: normalmente se logra convencer a unos pocos, pero muy rara vez se logra la aceptación de las mayorías. ¿Por qué esto? ¿Con qué modelo podemos entender lo que ocurre? ¿De qué manera podemos incidir?

El realidad todos los productos aceptados, bienes o servicios, recorren un ciclo de vida. Son al principio adoptados por unos pocos, luego por un grupo mayor, luego definitivamente por la mayoría y luego, al cabo de un tiempo, unos pocos meses o muchos años, son desplazados por una nueva propuesta de valor sustituta.

Pero este ciclo es la historia feliz. Como mencionamos en la sección "La innovación es difícil siempre", la mayoría de las propuestas no recorren todo este camino y nunca llegan a conocer el sabor de la mayoría. Todo esto tiene que ver con varios factores, pero hay uno definitivamente importante: la falta de comprensión de la naturaleza de los distintos grupos de usuarios que participan en cada momento clave del ciclo de vida de la innovación. Cuando se ignora esta diferente naturaleza de los usuarios con los que nos involucramos se generan caídas, incluso de equipos talentosos con ideas brillantes que plasmaron aparentemente muy buenas propuestas y lograron convencer a buenos inversionistas.

La historia, muy simplificada, es más o menos así: no importa la naturaleza del nuevo producto, existen cinco grupos de usuarios muy desiguales en número y características: los entusiastas, los visionarios, la mayoría temprana, la mayoría tardía y los rezagados. Estos grupos se distribuyen en una proporción que a grandes rasgos recuerda la gráfica (tipo campana de Gauss) que se presenta en el inicio de esta sección.

Las características resaltantes de cada grupo son las siguientes:

Los entusiastas, están siempre hambrientos de nuevos productos y nuevas características técnicas, quieren cambiarse.

Los visionarios tienen sueños que desean realizar y viven buscando vías para hacerlo por lo que son propensos a adoptar nuevos productos como vía para realizar sus sueños.

La mayoría temprana son pragmáticos y prefieren no cambiar hasta que muchos otros no lo hayan hecho.

La mayoría tardía son conservadores y no cambian a no ser que sientan que lo hacen para seguir estando con todos los conservadores.

Los rezagados rechazan los cambios. No importa lo que estos sean, lo que beneficien o impliquen. Ellos, simplemente no quieren cambiar.

Estos grupos, su tamaño, su rol y sus características básicas, son importantes para entender los problemas del cambio de paradigma.

LOS PROBLEMAS DE CAMBIO DE PARADIGMA

ENTUSIASTAS | VISIONARIOS | PRAGMÁTICOS | CONSERVADORES | REZAGADOS

¿Cómo introducir la innovación en el mercado?

5.3 Los problemas del cambio de paradigmas

Dado un producto, siempre habrá entusiastas, visionarios, pragmáticos, conservadores y rezagados. Pero no se trata de que las personas seamos intrínsecamente de uno u otro de estos grupos. Se trata de que para ese tipo de producto, nos ubicamos según estos comportamientos. Es decir, en un caso somos entusiastas, en otro pragmáticos, en otro rezagados, etc. Cada producto se enfrenta siempre a un mercado de posibles usuarios donde están presentes todos estos grupos en una proporción que sigue un comportamiento de tipo *campana de Gauss*.

¿Qué ocurre entonces? Algunos eventos dramáticos que los sintetizamos a continuación:

Uno, si no logramos convencer a la mayoría, no generamos la innovación.

Dos, los argumentos para convencen a los entusiastas no son los mismos que convencen a los visionarios, ni los mismos que convencen a los pragmáticos, ni los mismos que convencen a los conservadores.

Tres, los pragmáticos son un número muy grande de personas y por tanto son necesarios para justificar el esfuerzo de la innovación y para generar el retorno económico y/o social. Pero el que una buena parte de la mayoría se comporte pragmáticamente nos plantea un típico problema de quién fue primero el huevo o la gallina: sólo aceptan el nuevo producto cuando la mayoría de los pragmáticos aceptan y cuando nuestro producto está completamente terminado y normalmente no satisfacemos ninguna de las dos propiedades.

Cuarto, como al principio convencemos a algunos entusiastas y visionarios, se nos genera la ilusión de que lo estamos haciendo bien, pero luego no avanzamos y finalmente nos estrellamos con la pared de los pragmáticos.

Resolver estas situaciones es gestionar la introducción de la innovación en el mercado. Pareciera un problema sin solución y, de hecho, la mayor parte de las veces no se resuelve. Sin embargo, las innovaciones exitosas resuelven el problema y en la siguiente sección planteamos algunas ideas para el desarrollo de un modelo de estrategia, lo cual no es una receta, sino una guía.

UN MODELO PARA LA ESTRATEGIA

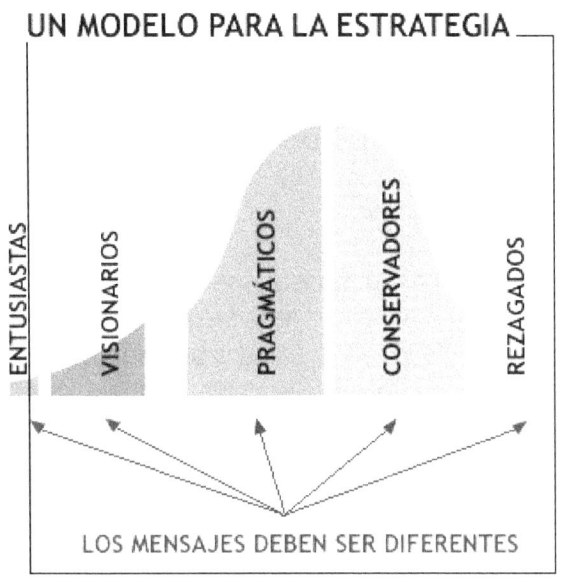

LOS MENSAJES DEBEN SER DIFERENTES

5.4 Un modelo para la estrategia

Si la innovación es, como vimos, siempre difícil, si siempre hay grupos de usuarios de características diferentes, si siempre hay que lidiar con problemas porque el mensaje para cada grupo de usuarios es diferente, si los pragmáticos sólo se dejan convencer con argumentos pragmáticos, si siempre hay rezagados que no se dejan convencer, ¿Cómo hacemos?

La respuesta es no intentar una estrategia universal, válida para todos los grupos y todas las etapas del ciclo de vida de la innovación, sino más bien desarrollar una estrategia donde entendamos que hay etapas diferentes en la dinámica, y que cada una de ellas tendrá su público natural y su mensaje apropiado. Es decir, una estrategia como la siguiente:

1. Apoyarse en los entusiastas para poner a prueba las características técnicas y la tecnología de nuestro producto, bien o servicio.

   Los entusiastas se animan prácticamente solos por lo novedoso y por ello estarán allí dispuestos. Lamentablemente son poquitos. Suelen convencerse con argumentos de novedades y de tecnología.

2. Capturar el interés de visionarios y hacerlos clientes satisfechos para crear las primeras referencias. Trabajar con ellos por su disposición comprometida al cambio con el que esperan realizar sus sueños de transformación.

   Los visionarios estarán dispuestos a esforzarse con nosotros en completar una solución. Lamentablemente también son pocos, pero trabajando con ellos podemos crear referencias exitosas que serán útiles en la relación con los pragmáticos. Los visionarios normalmente entienden argumentos de producto, ya que para ellos el resto es su sueño de completar el cambio que creen posible.

3. Obtener el retorno de la inversión realizada logrando convencer a los pragmáticos con

argumentos pragmáticos: La completitud de nuestra solución y el hecho de que hay clientes satisfechos.

Esta etapa y este grupo se debe trabajar después del anterior: no se logrará convencerles sin referencias y sin un producto acabado. Normalmente los pragmáticos entienden argumentos de mercado ya que éstos de alguna manera les hablan de la calidad de nuestra propuesta.

4. Capitalizar la experiencia generando una aceptación en volumen con los conservadores, lo que se traducirá en productos confiables para la mayoría del mercado de pretendidos usuarios.

   Para trabajar con los conservadores se debe haber convencido a la mayoría temprana de pragmáticos. Normalmente los conservadores entienden los argumentos de marcas que para ellos referencia la seguridad de la mayoría.

5. Dejar a los escépticos tranquilos, al fin de cuentas ellos son pocos y hay que focalizarse en los que, en cada etapa, podemos convencer.

Es claro que el cuento de la gestión de la innovación es más profundo y sofisticado que lo que expusimos aquí, pero nuestro objetivo en esta ventana era llegar hasta este punto y que nuestros lectores entendieran que el problema de la innovación es complicado, pero que el hecho de que haya innovaciones en la calle significa que el problema es soluble.

De modo que si Ud. comprende los temas que tocamos en este capítulo, por qué el problema del cambio de paradigma ligado a la innovación es tan difícil y se da cuenta de que si hay innovaciones es porque hay quienes han logrado resolver estos problemas de la dinámica, Ud. querrá conocer más y este taller habrá cumplido su cometido... (No olvide consultar las referencias de cada capítulo en http://www.ideas.com.ve).

.

6 Referencias

Son muchas y casi inmanejables las referencias sobre innovación que pueden obtenerse en la Internet. El autor de este pequeño libro seleccionó una cuantas útiles para distintos tipos de lectores y las clasificó por su relación con cada uno de los capítulos y temas tratados. Se trabajó con artículos, libros y videos y se les dio prioridad a las que estaban en español para facilitar la aproximación al tema del público hispanoparlante. El resultado es accesible en forma electrónica a través la Cátedra Virtual de Emprendimiento de la Fundación Ideas (www.ideas.com.ve) y/o de la Cátedra de Innovación, Organización y Asociatividad de la Corporación Parque Tecnológico de Mérida (www.cptm.ula.ve/EscuelaInnovacion). Invitamos a nuestros lectores a suscribirse gratuitamente en la primera o a consultar libremente la segunda. En la Fundación Ideas puede tenerse acceso a una versión electrónica completa del material cubierto en este libro.

Referencias institucionales

Las instituciones que aparecen a continuación han patrocinado el desarrollo de la experiencia en innovación y la experiencia docente que se sintetiza en este pequeño libro.

Accede

Organización sin fines de lucro (www.accede.la) dedicada a la promoción de emprendimiento, a la creación y gestión de "*Espacios de emprendimiento*" y la reflexión y desarrollo de conocimiento de gestión de redes emprendedoras y proyectos de innovación.

CEISoft

Centro de Excelencia en Ingeniería de Software (http://www.ceisoft.org), una organización en red que apoya en el mejoramiento continuo de la calidad a organizaciones que usan el software en forma intensiva. En particular CEISoft organiza durante el año talleres presenciales de innovación basados en el programa "*Una ventana a la Innovación*".

Corporación Parque Tecnológico de Mérida

Corporación sin fines de lucro (www.cptm.ula.ve) para el desarrollo de la Cultura Tecnológica creada por la Universidad de Los Andes en Mérida, Venezuela. En particular la CPTM ha promovido desde hace varios años la Cátedra de Innovación, Organización y Asociatividad junto con otras instituciones (http://www.cptm.ula.ve/EscuelaInnovacion) que inició el programa "*Una ventana a la Innovación*".

Fundación Ideas

Una organización sin fines de lucro (http://www.ideas.com.ve) creada en el año 2004 por las empresas Innovex, Capital en Tecnología, C.A.; Corporación CANTV; Banco Mercantil, y Siemens para estimular el desarrollo de una cultura de innovación, generación de nuevos negocios y propuestas de interés social sostenibles a largo plazo. La Fundación Ideas mantiene la versión en línea del taller "*Una ventana a la Innovación*" como un módulo de su "Cátedra virtual de emprendimiento".

Universidad de Los Andes

Una universidad bicentenaria ubicada en Mérida, Venezuela (http://www.ula.ve), reconocida internacionalmente por sus iniciativas en el área de redes y sede de varias escuela latinoamericanas vinculadas con estas tecnologías. Es la Universidad principal de adscripción del autor, si bien ha sido docente invitado para dictar talleres y conferencias sobre temas ligados a la innovación en otras universidades.

Jose Gregorio Silva

 "Cheo", como le conocen sus amigos, ha sido desde los ochenta uno de los pioneros en la creación de redes. Su trabajo se ha caracterizado por el desarrollo de iniciativas que concretan o transforman organizaciones y crean productos reconocidos en sus ámbitos naturales. Profesor de la Facultad de Ciencias de la Universidad de Los Andes (Mérida, Venezuela) desde hace 30 años. Director en la Corporación Parque Tecnológico de Mérida y del Centro de Excelencia en Ingeniería de Software. Docente de la Cátedra de Innovación en los postgrados de varias universidades, consultor en temas de innovación de la Fundación Ideas y miembro del equipo de estrategia de varias PYMES y proyectos de Tecnologías de la Información.

Una ventana a la innovación

Introduce en un lenguaje sencillo los temas fundamentales de la innovación, qué es y qué no es, sus mitos, sus logros, sus fuentes, la relación con la organización, su dinámica. Interesante y ameno, la experiencia del autor como facilitador de procesos de formación en equipos emprendedores le ha permitido crear un material que realmente simplifica la compresión de los conceptos básicos sobre innovación y motiva a transitar o continuar ese camino.

Un lenguaje para emprender

"*Cuando un emprendedor se inicia muchas veces busca ayuda y recibe un mensaje equivocado donde se confunden cuatro conceptos que le convendría distinguir: organización, empresa, producto y marca*". Así comienza "*Un lenguaje para emprender*", un texto que sintetiza ideas maduradas por emprendedores que han reflexionado sobre sus emprendimientos. En este pequeño libro se presenta un lenguaje y un modelo que resulta de gran interés para todos aquellos que se motivan con el emprendimiento, la creación de valor y las organizaciones que operan en red.